AF460030

NÉCROLOGIE

M. le Docteur Émile VIBERT

Ancien interne des Hôpitaux de Paris,
Chevalier de la Légion d'honneur, Chirurgien en chef de l'Hôtel-Dieu,
Président de l'Association des Médecins de la Loire
et de la Haute-Loire,
Membre correspondant des Sociétés de Chirurgie de Paris et de Lyon,
Médecin des épidémies, du Chemin de fer, du Lycée,
de l'École normale,
Membre du Conseil municipal, de la Société Agricole et Scientifique,
du Conseil d'hygiène, de la Société de météorologie,
et de plusieurs Sociétés savantes, etc.

18 MARS 1888

LE PUY
TYPOGRAPHIE DE MARCHESSOU FILS

1888

NÉCROLOGIE

M. LE DOCTEUR ÉMILE VIBERT

Dimanche matin, 18 mars, vers onze heures, après une courte maladie, M. le docteur Vibert mourait brusquement.

La nouvelle, immédiatement répandue en ville et au dehors, consterna ses amis et émut unanimement l'opinion.

Il n'était pas de deuil qui pût être plus vivement ressenti au Puy et dans le département.

Le docteur Vibert était âgé de 58 ans.

Ancien interne des hôpitaux de Paris, il était venu s'établir au Puy, sa ville natale, au commencement de 1859.

Le docteur Vibert était chirurgien en chef de l'Hôtel-Dieu, président de l'Association des médecins de la Loire et de la Haute-Loire, membre correspondant des Sociétés de chirurgie de Paris et de Lyon, médecin des épidémies, du Chemin de fer, du Lycée, de l'École normale, membre du Conseil municipal, de la Société agricole et scientifique, du Conseil d'hygiène, de la Société de météorologie et de plusieurs Sociétés savantes, etc.

Il était chevalier de la Légion d'honneur.

La presse locale a été unanime dans la manifestation du sentiment public.

LA NOUVELLE DE LA MORT

La Haute-Loire l'annonçait le lendemain, 19 mars, à peu près dans les termes de ce préambule.

On lisait dans le *Républicain de la Haute-Loire* du mardi 20 mars :

La nouvelle de la mort de M. le Dr Vibert, arrivée inopinément dimanche matin, vers onze heures, a été accueillie, par tous les habitants du Puy, comme un malheur public.

Par son talent incontesté, par son obligeance inépuisable, par la sûreté et l'aménité proverbiale de son commerce, M. Emile Vibert avait acquis une haute et brillante situation.

Des regrets unanimes accompagneront cet homme de bien qui nous quitte trop tôt.

La Rédaction du *Républicain de la Haute-Loire* tient, elle aussi, à adresser à la famille si cruellement frappée de M. le Dr Vibert, l'expression attristée de ses plus respectueuses sympathies.

Dans l'*Écho du Velay* du même jour :

Dimanche matin, vers onze heures, le bruit se répandait tout-à-coup en ville que M. le docteur Vibert venait de mourir. Cette triste nouvelle n'était malheureusement que trop vraie !... M. Vibert, malgré les soins de ses collègues, qui étaient tous ses amis, venait de succomber à une violente pneumonie contractée au service des nombreux malades qui, par ce temps de rigoureux hiver, réclamaient de tous côtés et à toutes les heures du jour et de la nuit, ses soins aussi intelligents que dévoués.

M. Vibert est donc mort au champ d'honneur, victime, on peut bien le dire, de son dévouement et de sa charité !

Quatre jours avant sa mort, nous le rencontrions encore au coin de la rue Saint-Gilles, tout occupé de la santé de ses malades, et revenant d'une visite en voiture ; nous le saluâmes et lui dîmes bonjour selon notre habitude. Hélas, c'était pour la dernière fois ! il était déjà en proie aux premières atteintes du mal qui devait l'emporter si rapidement ; il avait, comme l'on dit, la mort entre les dents !

Pauvre docteur Vibert ! il nous avait dit bien des fois, quand nous l'engagions à ménager ses forces dont il nous semblait faire un véritable abus : « Que voulez-vous, j'irai tant que Dieu voudra ! mais je sens que du jour où je m'aliterai, je ne me relèverai plus ! » Il n'avait que trop bien prophétisé, hélas ! et s'il s'est alité, ç'a été, comme il l'avait dit, pour ne plus se relever !

Cette mort est un deuil général pour notre ville et pour la région tout entière. M. Vibert, par ses qualités de cœur, l'aménité de son caractère, son dévouement pour ses malades et sa charité pour les pauvres, s'était acquis dans notre pays d'ardentes et universelles sympathies. Il était l'homme de tout le monde ; le pauvre n'était pas moins bien traité par lui que le riche, et, quelles que fussent ses opinions personnelles, dès qu'il s'agissait de soigner un malade, il faisait abstraction complète de toute opinion politique, de toute considération de caste et de parti, pour se consacrer tout entier, corps et âme, à la santé et à la vie de ses clients.

Aussi sa mort laissera-t-elle un grand vide dans notre ville et dans notre département.

M. le docteur Vibert n'était âgé que de 58 ans. Il y avait à peu près 30 ans qu'il pratiquait la médecine au Puy. Ancien interne des hôpitaux de Paris, il était devenu rapidement, chez nous, chirurgien en chef de l'Hôtel-Dieu, médecin du Lycée, de l'Ecole normale, du Chemin de fer, du Grand Séminaire, des nombreux pensionnats et de presque toutes les communautés religieuses de notre ville.

Il était aussi président de l'Association des médecins de la Loire et de la Haute-Loire, membre correspondant des sociétés de chirurgie de Paris et de Lyon, médecin des épidémies locales ou départementales, membre de la Société agricole et scientifique, du Conseil d'hygiène et d'une foule d'autres sociétés savantes qu'il serait trop long d'énumérer ici.

Enfin, il faisait partie de la fraction républicaine modérée de notre Conseil municipal, et était chevalier de la Légion d'honneur.

Ses obsèques auront lieu demain, mercredi, 21 courant, à 10 heures 1/2, à l'église paroissiale de Saint-Laurent.

En nous faisant ici l'interprète des regrets unanimes et de la consternation publique causée par cette mort douloureuse et prématurée, mais chrétienne, nous présentons à l'honorable famille du regretté défunt tous nos compliments de sincère et respectueuse condoléance. — P.

LES OBSÈQUES

Elles eurent lieu le mercredi, 23 mars.
Le soir même, *La Haute-Loire* publiait cette note hâtée :

2 heures. — Nous descendons du Mont-Anis par les ruelles de la vieille ville.

La cérémonie funèbre vient à peine de prendre fin.

L'église était bondée, et il a fallu interrompre le défilé de l'offrande.

La foule — c'est le Puy en masse et tous les environs — fait la haie à la sortie du cortège et on la retrouve encore au cimetière.

Jamais, de mémoire locale, on ne vit pareille manifestation autour d'un cercueil.

C'est, au premier jour de printemps, par un beau soleil qui chauffe le coteau où s'étage le cimetière, que le bon docteur dort, en terre sainte, son premier repos.

Ce soleil, cette explosion de sympathies, cette vivacité de souvenirs ont fait cette mort moins triste...

Aujourd'hui, nous avons à peine le temps et la place de donner les discours prononcés.

Le lendemain, 24 mars, on lisait dans le même journal :

La ville du Puy a donné hier un grand exemple de reconnaissance.

Jamais on n'avait vu autour d'un cercueil tant de sympathies et tant de fleurs.

Dès le matin, le chemin de fer et les voitures particulières amenaient les amis du dehors.

L'animation était extraordinaire sur le boulevard Saint-Laurent, devant la maison mortuaire où un piquet du 86e, commandé par un lieutenant, rendait les honneurs au légionnaire.

Le cercueil a été porté sur le char funèbre par des employés du P.-L.-M. qui ont tenu tout le temps, à la maison, comme à l'église et au cimetière, à rendre ce dernier devoir à leur dévoué médecin.

Ils étaient là 140 agents de tout ordre, sous la conduite de M. Thierry, l'excellent chef de la gare du Puy.

On remarquait encore les élèves de la Ferme-Ecole de Nolhac amenés par leur directeur, M. Chaudier, tout ému de ce deuil qui l'a personnellement atteint.

Il y avait les élèves du Lycée, ceux de l'Ecole normale et ceux des écoles communales, tristes de la mort de leur bon docteur.

Le cercueil disparaissait sous les fleurs et les couronnes étaient nombreuses. Nous ne pourrions toutes les signaler : couronnes offertes par les médecins, par les amis, par le Conseil municipal, par le Lycée, l'Ecole normale, l'Institut des Sourds-Muets, l'Hôtel-Dieu, les maîtres ouvriers, le quartier Saint-Laurent, etc., etc.

Il n'y avait pas moins de neuf poêles funéraires :

1° Des sourds-muets ;

2° Des entrepreneurs : MM. Dubois, Dumas, Ferret et Veysseyre;

3° De la nouvelle Société des bouchers : MM. Bret, J. Guichard, R. Guichard, Mirandon;

• 4° Des anciens élèves du Lycée du Puy : MM. le docteur Alirol, Léon Faure, Léon Marchessou, Moulin.

Devant, marchait l'appariteur de l'Association;

5° De la Société agricole et scientifique : MM. Cl. Bernard, André Bonnet, Gueythier, Tuja;

6° Du Conseil municipal : MM. Arsac, Chaurant, Guelle, Solvain-Planté;

7° De l'administration des Hospices : MM. Badiou, Balme, Jacotin, Peyrachon;

8° Des légionnaires : MM. Calemard de La Fayette, Mallat, d[r] Reymond, du 86e de ligne, baron Robert.

Ce poêle était entouré des membres de l'Association des retraités et médaillés militaires, revêtus de leurs insignes;

9° Des médecins : MM. les docteurs Abrial, Coiffier, Fabre, Morel.

Le deuil était conduit par les trois fils du défunt, MM. Louis, Paul et Léon Vibert, et par son frère M. Jules Vibert.

Derrière, la foule où tout le Puy s'était mêlé.

L'Association médicale de la Loire et de la Haute-Loire était représentée par MM. les docteurs Fleury, secrétaire de l'Association, Convers et Régis Reynaud, de Saint-Etienne; Guelle, d'Allègre; Badoz, de Brioude; Charreyre et Michel, d'Yssingeaux; Foulhoux, de Craponne; Ollivier, de Tence; Marsset, de Lavoûte-Chilhac, etc.

Jusqu'à l'église et de là jusqu'au cimetière, où l'on

s'est rendu par la nouvelle voie hors ville, il y avait deux haies pressées de gens qui n'avaient trouvé place ni à l'église, ni dans le cortège.

A l'église, la circulation était difficile, même pénible, et le défilé à l'Offrande était si long qu'il était loin d'être terminé à la fin de l'Office dont l'*Harmonie du Velay* a tenu à rehausser la solennité.

M. Vassel, curé de la paroisse de Saint-Laurent, officiait ; l'absoute a été faite par M. l'abbé de Pélacot, vicaire général.

Au cimetière, il y avait aussi encombrement autour du cercle formé devant le monument funèbre de la famille Vibert.

Plusieurs discours écoutés avec un recueillement attendri, ont été prononcés.

Jusqu'au bout, la famille éplorée a vu se manifester autour d'elle l'expression consolante d'une unanime et sincère sympathie.

Dans le *Républicain de la Haute-Loire* :

Il faut remonter bien haut dans l'histoire de notre ville pour trouver mention d'une manifestation aussi spontanée, aussi imposante. Tout le Puy a voulu assister aux funérailles de l'homme de bien mort dimanche.

Dès dix heures du matin, de tous côtés afflue vers le boulevard Saint-Laurent et se masse devant la maison mortuaire, la foule désireuse d'accompagner à sa dernière demeure le regretté docteur Vibert.

C'est aux sons lugubres des clairons des légionnaires que le char funèbre, une heure plus tard, est lentement descendu à l'église Saint-Laurent, précédé de neuf draps mortuaires, et escorté d'une double haie de décorés de la Légion d'honneur, de lycéens et d'élèves de l'école normale. Derrière la famille, se pressaient les nombreux amis du défunt.

Pendant le service funèbre, l'*Harmonie du Velay* s'est fait entendre à plusieurs reprises.

Il était près de midi quand le cortège s'est reformé, non sans peine, à la sortie de l'église, pour monter au cimetière par le village d'Aiguilhe et le nouveau chemin, récemment empierré, que bordent les grands murs blancs du champ du repos.

Le char funèbre s'arrête enfin devant une des dernières tombes de l'allée supérieure ; le monument disparaît en un instant sous les couronnes et les fleurs apportées par des mains pieuses, et la foule, attristée et recueillie, se presse autour du cercueil qu'on vient de descendre, et que le soleil du printemps nouveau illumine pour la dernière fois.

M. le Dr Morel, maîtrisant avec peine une émotion poignante, prononce, au nom du corps médical, un premier discours, dont l'effet est visiblement ressenti par toute l'assistance.

Il est près de deux heures quand nous quittons le cimetière où nous laissons la dépouille mortelle de celui que pas un de nous ne pourra désormais oublier, parce qu'il fut, plus que personne, « un homme bon, juste et tolérant ». — A. M***.

Dans l'*Écho du Velay* :

Hier, mercredi, ont eu lieu à l'église Saint-Laurent, les obsèques de M. le docteur Vibert.

Toute la ville était sur pied pour rendre un juste et dernier hommage au regretté défunt.

L'église paroissiale, malgré ses vastes dimensions, était encore trop petite pour contenir la foule sympathique et émue des assistants.

Mme Vibert, n'écoutant que son courage héroïque, avait tenu à être présente à la cérémonie funèbre.

Devant tant de force d'âme aux prises avec une si grande douleur, chacun se sentait vivement impressionné, et le sentiment public se partageait entre l'admiration et la pitié.

Quant aux fils du pauvre défunt, ils faisaient véritablement mal à voir, et leur attitude comme leur malheur arrachaient des larmes à tout le monde.

La cérémonie funèbre, commencée à l'église à onze heures, ne s'est terminée au cimetière qu'à 1 h. 1/2.

Dans *le Moniteur de Brioude* :

Les journaux du Puy nous ont apporté, il y a huit jours, la triste nouvelle de la mort si prématurée et si regrettable de M. le docteur Emile Vibert.

Cette perte a été vivement ressentie dans notre ville, où le défunt avait, comme au Puy, de si ardentes sympathies. Depuis que le chemin de fer a facilité les relations entre Brioude et le chef-lieu de la Haute-Loire, il n'était pas de maladie sérieuse où l'on ne s'empressât de demander l'assistance du docteur Vibert. Bien que retenu au Puy par une clientèle qui l'appelait à tout instant, M. Vibert arrivait, demeurait entre deux trains et repartait pour continuer en son pays natal la vie laborieuse que l'on sait. Il a succombé à la peine, enlevé, en quelques jours, à une famille qui l'adorait, par une fluxion de poitrine contractée en une de ses courses quotidiennes auprès des malades.

Les obsèques de cet homme de bien ont eu lieu en l'église Saint-Laurent, le dimanche 18 mars. Sa mort a été très chrétienne, nous dit l'*Echo du Velay*. Au cimetière, de nombreux discours ont été prononcés, notamment par M. le docteur Morel, ami et confrère du défunt, qui a rappelé avec beaucoup de cœur les titres du docteur Vibert aux regrets si unanimes de ses concitoyens.

Dans *la France médicale* du 27 mars :

Nous avons le vif regret d'annoncer la mort d'un des médecins les plus distingués de la province, le docteur J.-B. Emile Vibert, ancien interne des hôpitaux de Paris (1854), médecin de la Cie P.-L.-M., chirurgien de l'Hôtel-Dieu du Puy, président de l'Association des médecins de la Loire et de la Haute-Loire, correspondant de la Société de chirurgie, chevalier de la Légion d'honneur, décédé le 18 mars, à l'âge de 58 ans.

Dans la *Revue générale de Clinique et de Thérapeutique* du 29 mars :

Nous avons appris au moment où nous mettions sous presse, et trop tard pour l'annoncer dans notre dernier numéro, la mort regrettable de notre distingué collaborateur, M. le docteur Vibert (du Puy).

Certes, le corps médical des départements possède des confrères dont le nom fait plus de bruit ; il n'en possède pas dont la réputation soit plus pure. M. Vibert, que nous nous honorions de compter parmi les amis de la première heure, au moment de la fondation de ce journal, avait appartenu au corps de l'Internat des hôpitaux de Paris et, il y a quelques années, avait publié dans le *Journal de Thérapeutique* de Gubler, un mémoire remarquable sur *l'emploi de la morphine*. Les exigences d'une profession, qui était pour lui un apostolat, ne lui laissaient guère le loisir de prendre la plume. Néanmoins, il se dévouait activement à la défense des intérêts professionnels et sa présidence de l'association des médecins de la Loire et de la Haute-Loire, montre bien l'estime dans laquelle ses confrères le tenaient quand, presque chaque année, ils le déléguaient pour les représenter à Paris, aux réunions de l'Association générale.

La rédaction de la *Revue générale de Clinique et de Thérapeutique*, exprime à sa famille tous ses regrets pour cette perte douloureuse et s'associe au deuil cruel qui frappe le corps médical du département de la Haute-Loire.

Dans le *Lyon médical* du 1er avril :

Le docteur Emile Vibert (du Puy) est mort le 18 mars, à l'âge de 58 ans. Ancien interne des hôpitaux de Paris, M. Vibert avait acquis au Puy la première position médicale et y occupait presque tous les postes officiels qu'un médecin peut y avoir. Chirurgien en chef de l'Hôtel-Dieu, médecin des épidémies, du Chemin de fer, du Lycée, de l'Ecole normale, etc., M. Vibert avait été nommé par ses collègues président de l'Association des médecins de la Loire et de la Haute-Loire et avait été fort sensible à cet honneur.

Absorbé par un immense travail professionnel, M. Vibert a trouvé cependant le temps d'écrire quelques travaux intéressants; nous citerons surtout son mémoire sur les injections de morphine et celui sur l'air confiné. L'hiver qui finit à peine a été rude dans la Haute-Loire, et le surmenage professionnel n'est pas étranger à la marche fatale de la pneumonie qui a enlevé en quelques jours M. Vibert à l'affection de sa famille et de ses amis. Deux de ses enfants étudient la médecine, l'estime et l'affection qui entouraient leur père leur servira de guide et d'appui dans la vie.

LES DISCOURS

Les discours suivants ont été prononcés sur sa tombe par M. le docteur Morel, au nom du corps médical; par M. Louis Chaurant, au nom du Conseil municipal; par M. le docteur Coiflier, au nom de la Société scientifique et agricole de la Haute-Loire; par M. Carbasse, inspecteur d'académie, au nom de l'Université; et par M. Pagès, entrepreneur, au nom du personnel des chemins de fer :

Discours de M. le docteur Morel.

MESSIEURS,

Devant ce coup terrible que la mort vient de frapper, devant ce cercueil renfermant les restes mortels du très regretté docteur Vibert, si je n'écoutais que la poignante douleur qui m'étreint, je me tairais et, avec les siens, avec ses nombreux amis, je me contenterais de pleurer; mais le devoir m'impose l'obligation de parler, d'abord pour rendre hommage à sa mémoire, ensuite pour tirer de sa vie si bien, si noblement remplie, des exemples utiles, à nous qui l'avons connu, et à tous ceux qui viendront après nous.

Au nom de mes honorables confrères et au mien propre, je vais donc essayer de faire l'éloge du docteur Vibert, du médecin habile, instruit et dévoué.

Mais il est des noms qui portent avec eux leur éloge: le nom du docteur Vibert est de ceux-là ; le prononcer, c'est rappeler des services sans nombre rendus, c'est évoquer le souvenir d'une haute capacité, d'une bonté sans bornes, d'une obligeance sans égale.

Emile Vibert naquit au Puy, le 17 janvier 1830 ; par sa naissance, par sa famille, je dirai même par sa nature, Vibert est un véritable enfant du Puy ; plusieurs d'entre nous ont connu sa digne et respectable mère ; c'est à son père que nous devons nos écoles industrielles municipales, c'est lui qui les a créées, organisées et élevées au point où nous les trouvons encore aujourd'hui ; c'est lui qui, avec les Becdelièvre, les Bertrand de Doue, a été un des premiers fondateurs de notre magnifique Musée ; sa mémoire est encore vivante dans bien des cœurs ; il a légué à ses enfants un véritable héritage de vertu et d'honorabilité.

La première jeunesse d'Emile Vibert a été celle d'un enfant sage, soumis et toujours laborieux ; il avait une de ces natures privilégiées qui, à tout âge de la vie, savent se faire aimer de tous ceux qui les approchent; doux et sympathique, même à son insu, il s'attirait tous les cœurs et méritait toutes les affections.

Au sortir des premières classes où longtemps nous nous étions suivis, il entra dans notre vieux lycée et y termina ses études.

Reçu bachelier, jeune encore, il resta plus d'un an à chercher sa carrière, mais ses aptitudes intellectuelles, ses goûts, devaient naturellement le pousser vers l'étude de la médecine.

Il partit donc pour Paris, j'y étais déjà, et nos relations intimes, un instant interrompues, furent bientôt renouées, pour ne cesser qu'aujourd'hui, devant cette tombe, hélas, trop prématurément ouverte.

A Paris, Vibert fut ce qu'il avait toujours été : sage, rangé et laborieux.

Reçu interne le 1er juillet 1855, il eût successivement pour maîtres dans les hôpitaux : Cazalis, Gubler, Hardy, Bouchut, Voillemier, Velpeau, Gosselin ; tous le prirent en grande affection et le tinrent en haute estime.

Reçu docteur en médecine au commencement de janvier 1859, il ne tarda pas à venir se fixer au Puy où étaient toutes ses affections ; son père et sa mère vivaient encore.

Sa réputation l'avait précédé ; ses débuts furent donc faciles.

Emile Vibert était, du reste, médecin dans toute l'acception du mot, doué d'un tact médical exquis et d'un rare bon sens, il conquit bientôt la confiance de tous, confiance bien méritée, d'ailleurs, à tous égards ; dévoué à ses malades, il s'associait à leurs souffrances et à leurs joies ; habile à consoler, le sourire aux lèvres, il savait dissimuler ses craintes, pour ne laisser que briller l'espoir sur sa bonne et sympathique figure.

De là venait chez le docteur Vibert, de même que chez tous les praticiens d'une haute valeur, une autorité qui s'imposait à ses malades et donnait à toutes ses décisions et à ses conseils un poids sans lequel l'intervention du médecin reste à peu près vaine.

Le docteur Vibert se tenait du reste très au courant de tous les progrès réalisés dans la science, mais il savait discerner, de son coup d'œil de maître, les découvertes nouvelles qui la font avancer, et ne se laissait point tromper par ces prétendues découvertes qui ne savent résister à un examen approfondi et tombent bientôt devant l'expérience.

Travailleur intelligent et infatigable, malgré d'excessives occupations, Vibert a encore trouvé le temps d'écrire quelques opuscules, remarquables sous tous les rapports: je dois me borner ici à en énumérer les titres :

Étude sur l'évolution de quelques maladies chroniques ;

Études pratiques sur les injections sous-cutanées de morphine ;

Mémoire sur le croup et son traitement ;

Recherches et procédés nouveaux dans la réunion des plaies par première intention ;

De l'influence pernicieuse des alcôves sur les nouvelles accouchées ;

Rapport sur le service des épidémies.

Dans quelques instants, une voix plus autorisée que la mienne en la matière, va vous faire connaitre toute la valeur de ces différents travaux et vous dire ce qu'était le docteur Vibert comme savant.

Pour vous donner une idée de la haute position à laquelle il était arrivé comme médecin, je me contenterai de vous citer les nombreux emplois qu'il remplissait : il était chirurgien en chef de l'Hôtel-Dieu, médecin des épidémies, médecin du Chemin de fer, du Lycée, de l'Ecole normale des garçons, etc.; pour vous faire bien apprécier toute sa valeur, je vous dirai simplement encore qu'il était président de l'Association des médecins de la Loire et de la Haute-Loire, membre correspondant des Sociétés de chirurgie de Paris et de Lyon, membre depuis nombre d'années du Conseil municipal de notre ville, de la Société agricole et scientifique de la Haute-Loire, du Conseil d'hygiène, président de la Société de météorologie, etc.

En récompense de tant de services rendus et comme témoignage de haute considération, en 1880, Vibert avait été fait chevalier de la Légion d'honneur.

En essayant de mettre en lumière, mais le plus succinctement possible, tous les mérites du docteur Vibert, mon but, Messieurs, a été de bien faire sentir toute l'étendue de la perte que nous venons de faire ; elle est immense, car il était de ceux qu'on ne remplace pas et qui ne devraient jamais mourir.

Au nom de tous tes confrères du Puy, tous également tes amis qui, jusqu'à ton dernier soupir, les larmes aux yeux, sont restés fidèles à tes côtés, adieu !

Adieu au nom des membres de l'Association des médecins de la Loire et de la Haute-Loire, qui viennent de perdre en toi leur président autorisé et honoré.

Adieu au nom du corps médical tout entier, dont bien certainement tu serais devenu une des gloires, si l'amour sacré de la petite patrie ne t'avait ramené parmi nous.

Adieu au nom des administrateurs de nos hospices qui t'ont toujours tenu en si grande estime, au nom de tout le personnel, de tous les nombreux malades que tu y as traités avec tant de talent, de dévouement et de bonté.

Adieu au nom de tous ceux qui t'ont connu et qui, tous, sont devenus tes amis.

. Adieu au nom de la population entière de notre Ville, riches et pauvres, grands et petits, sans distinction d'opinion, tu es pleuré par tous !

Ta mort est une véritable perte pour la Cité !

Puissent toutes ces marques de profonde sympathie, tous ces témoignages d'estime et d'amitié, puisse l'unanimité de ce deuil public, apporter quelque soulagement, si la chose est possible, aux larmes de ta digne et héroïque veuve, de tes chers enfants éplorés, de ton frère inconsolable.

Adieu, Emile Vibert, mon vieux camarade, mon fidèle et toujours ami, mon excellent confrère; pendant trente ans, nous avons marché côte à côte, sans que le plus léger nuage se soit jamais élevé entre nous !

Adieu, mon cher Emile, oh ! non pas adieu seulement, car je sens de tout mon être s'élever une voix pour te jeter un cri de suprême espérance... Au revoir !

Discours de M. Louis Chaurant.

MESSIEURS,

L'homme de mérite et de devoir, le citoyen éminent dont nous déplorons la perte, appartenait depuis tantôt vingt-trois ans au conseil élu de la Cité, il en était le doyen. C'est à ce titre que j'ai le douloureux honneur de lui donner ici un triste et dernier adieu.

Le long cortège qui se presse autour de la froide dépouille du docteur Vibert, cette foule émue et recueillie, qui mêle ses larmes aux pleurs d'une famille si cruellement éprouvée, attestent hautement que la mort de cet homme d'élite est un deuil public.

Une voix autorisée, celle d'un ami de cinquante ans, vient, en termes émouvants, de retracer cette vie si bien remplie, si soudainement foudroyée, cette vie de labeur sans trêve ni repos, cette vie d'abnégation, de devoir, de dévouement, de sacrifice. Vous connaissez l'homme privé, le médecin expérimenté, dévoué, infatigable. Son éloge se résume ainsi : Il fut bon, il fit grandement le bien, il est mort à la peine. Permettez-moi de vous dire, en deux mots, ce que fut l'homme public.

Sincèrement et profondément libéral, ami passionné du progrès, le docteur Vibert n'eut aucun goût pour les choses de la politique ; il s'en était sagement et volontairement éloigné. Et cependant, doué comme il l'était, d'une intelligence supérieure, d'un cœur ardent et généreux, d'un esprit distingué, éminemment sympathique, ne pouvait-il pas aspirer aux situations politiques les plus enviées ? Il borna son ambition au rôle effacé et modeste de conseiller municipal qui devait lui permettre, tout en travaillant à la chose publique, de ne point délaisser ses chères études médicales et de se dévouer tout entier au soulagement des souffrances et des infirmités humaines.

Le 27 août 1865, les portes du Conseil municipal s'ouvrirent devant le docteur ; il apportait dans son nouveau mandat cette intelligente activité qu'il déploya toute sa vie dans la pratique de l'art médical. Depuis cette époque, la confiance inaltérable de ses concitoyens l'a maintenu au premier rang des élus dans ces fonctions municipales qui ne sont point exclusivement honorifiques ; elles ne laissent pas, en effet, que d'abreuver parfois de quelque amertume ceux qui, comme le docteur Vibert, estiment qu'on ne doit les aborder qu'à la condition de les remplir avec dévouement et ponctualité, de n'avoir pour seul objectif que le bien public, de ne rechercher d'autres satisfactions que celle du devoir accompli.

D'une assiduité aux séances du conseil ou des commissions que rendaient plus méritoires ses absorbantes occupations, le docteur Vibert donna largement le concours de ses lumières et de ses connaissances pratiques à la solution des importantes questions municipales qui ont été traitées pendant ces vingt dernières années. Il apportait, dans la discussion, cette courtoisie, cette aménité, cette bonté qui était le fond même de son caractère et il savait rallier à son avis ses adversaires, par une argumentation claire, précise, logique, toujours empreinte de tact, de sagesse et de modération.

L'homme aimable, le savant était doublé d'un artiste. Le docteur avait une compétence réelle en matière d'art et, dans toutes les questions s'y rattachant, il fut appelé à formuler son avis, à dresser un rapport qui devait motiver la décision à prendre. Quel est celui de ses collègues qui n'a point présent à l'esprit ces rapports si soignés dans la forme et le fond, notamment sur le concours au prix Crozatier des jeunes élèves de nos écoles municipales ?

Toutes ces questions d'intérêt public attiraient indistinctement son attention, et il mettait une persévérante insistance à les faire aboutir. C'est à lui que nous devons entre autres créations utiles, la réorganisation et le perfectionnement du matériel d'incendie et l'établissement du matériel d'un réseau téléphonique reliant l'Hôtel de Ville et la caserne Romeuf.

Trait caractéristique qui vous démontrera comment le docteur comprenait son devoir de mandataire de la Ville. Il n'y a pas huit jours, terrassé par la maladie, il venait de s'aliter pour ne plus se relever. Ne pouvant assister à la séance du Conseil qui devait avoir lieu le jour même, cet homme, d'une énergie de fer, s'excusait de son absence par la plume de sa digne et noble compagne, aujourd'hui sa veuve éplorée, inconsolable, et il appelait l'attention de ses collègues sur le trouble qui s'était produit à la fonte des neiges dans les eaux de Vourzac. Il demandait qu'on prît des dispositions pour achever la canalisation métallique de ces sources, afin de prévenir les affections déterminées par des eaux impures, affections mises en relief par les travaux récents du docteur Chantemesse.

Au seuil de la mort, cet homme de bien n'avait qu'une préoccupation : le bien public.

Cher et vénéré docteur, excellent ami, comment perdre votre souvenir? Il nous sera doux à nous, vos amis et vos collaborateurs, de nous rappeler l'ami sûr et dévoué, l'homme intègre, l'homme bienfaisant. Votre ville natale perd en vous un de ses enfants les plus méritants, elle ne sera pas oublieuse non plus. Elle inscrira votre nom au premier rang, parmi ceux des hommes qui l'ont le plus honorée par de nobles et éclatants services.

Adieu, cher docteur, adieu,— non : au revoir!

Discours de M. le docteur Coiffier.

MESSIEURS,

En présence de cette tombe ouverte, où vont s'ensevelir pour toujours les restes de l'homme que nous pleurons, la Société scientifique de la Haute-Loire et la Commission départementale de météorologie ne peuvent rester indifférentes: elles veulent payer leur tribut d'hommages et adresser un dernier et suprême adieu au docteur Vibert, à celui qui se montra, non seulement médecin consommé, chirurgien accompli, l'heureux et digne héritier, dans notre cher pays, des brillantes réputations médicales des Richond, des Reynaud, des La Fayette, mais qui fut encore, avant tout, par dessus tout, un profond penseur et un savant.

Malgré son immense clientèle et ses absorbantes occupations, malgré sa vie si mouvementée et si pleine d'imprévu, le docteur Vibert trouvait encore le temps de réfléchir et d'inventer.

Sa thèse sur l'*évolution de quelques maladies chroniques,* indique déjà un esprit essentiellement élevé et profondément novateur. Après avoir passé successivement en revue, dans une belle et magistrale exposition, les célèbres doctrines médicales de Stahl, de Dumas, de Broussais, de Borden et autres médecins illustres dont s'enorgueillit la science française, l'auteur en arrive bientôt à exposer ses idées personnelles sur une foule de maladies dont on avait ignoré jusqu'alors et la nature et l'origine. Il nous démontre, avec preuves à l'appui, que la plupart des affections chroniques sont d'origine goutteuse (ce que la science contemporaine a de point en point corroboré), et il traite son sujet avec beaucoup de science et de méthode et dans un style large, facile, plein d'élégance et de clarté.

Dans un opuscule sur le *croup*, paru en 1868, M. Vibert émet une foule d'idées personnelles sur cette terrible maladie, qu'il envisage sous tous les points de vue, en auteur qui connaît à fond le sujet qu'il traite. Arrivant au traitement, il préconise la trachéotomie hâtive, selon un procédé spécial, que nous ne pouvons décrire ici, mais qui est simple, facile, expéditif et auquel la chirurgie contemporaine a beaucoup emprunté.

Un autre travail ayant pour titre : « *Réunion par première intention,* » est une œuvre de haute chirurgie. C'est la description d'un procédé simple pour hâter la cicatrisation des plaies et faire qu'une immense blessure, suite d'amputation, guérisse en peu de temps. Cette méthode employée aujourd'hui par bon nombre de chirurgiens, est devenue définitivement classique et ce n'est pas un mince honneur pour notre pays qu'elle ait pris naissance dans le Velay.

Dans un autre ouvrage intitulé : *De l'influence pernicieuse des alcôves,* M. Vibert, devançant en quelque sorte les théories pastoriennes, démontre toute l'importance que présente une bonne aération sur l'évolution de certaines maladies dites *puerpérales*. Ses idées sont si vraies qu'elles ont été approuvées depuis par tous les savants et sont entrées définitivement dans la pratique.

Nous arrivons aux recherches capitales de M. le docteur Vibert, à ses études sur la morphine. Cette précieuse substance, héroïque contre la douleur, était connue depuis longtemps; mais, à côté de malades, dont les souffrances étaient dissipées par elle, comme par enchantement, s'en trouvaient d'autres absolument réfractaires ou qui éprouvaient, même sous son influence, de nombreux accidents. Notre savant compatriote trouva, dans les mouvements pupillaires, un guide certain, infaillible, pour se diriger au milieu de ces inconnues, et cette utile découverte, qui lui fait le plus grand honneur, est devenue la règle sûre du médecin pour la pratique courante des injections sous-cutanées.

En 1876, M. Vibert, très versé dans les sciences météorologiques, inventait deux anémoscopes destinés à faciliter l'appréciation de la direction des vents par celle des nuages. Ces deux instruments très simples, très portatifs et essentiellement ingénieux dans leur disposition, ont été adoptés l'un et l'autre par la science officielle et fonctionnent, depuis plusieurs années, dans un certain nombre d'observatoires.

Dernièrement encore, et toujours infatigable, M. Vibert présentait à l'Académie des sciences, par l'entremise de l'illustre Faye, un mémoire original sur le mécanisme de certaines trombes de poussière : c'est, hélas! son dernier travail : c'est l'œuvre à laquelle notre éminent collègue a consacré ses derniers soins!

Tels sont les nombreux et remarquables travaux scientifiques de celui qu'une fin prématurée a soudainement couché dans ce cercueil; telles sont, docteur Vibert, les belles découvertes que vous avez faites et que vos compatriotes sont fiers de proclamer sur votre tombe ; Dieu seul sait ce que vous auriez pu faire si la mort, qui n'épargne personne, ne vous avait saisi brusquement au milieu de vos recherches et n'avait réduit à néant tous vos projets.

Mais, dormez en paix votre dernier sommeil, cher et illustre confrère ; votre vie fut bien remplie et votre mémoire vous survivra. Vos collègues penseront souvent à l'absent qui les conseillait si bien, à celui auquel ils avaient coutume de recourir dans les cas difficiles, à l'homme enfin qui mettait si gracieusement à leur service sa vaste expérience de clinicien.

Vos travaux, non plus, ne peuvent être oubliés de la jeune génération médicale qui s'élève et qui saura puiser à l'envie dans vos livres, la science et, dans vos exemples, la vertu.

Adieu, docteur Vibert, adieu, maître ; nous garderons votre souvenir.

Discours de M. Carbasse.

Messieurs,

C'est avec tristesse, le cœur bien gros, que je dis un dernier adieu au docteur Vibert, médecin du Lycée et de l'Ecole normale des instituteurs.

La mort de M. Vibert a été pour nos jeunes lycéens, pour nos jeunes normaliens, pour les professeurs, pour nous tous, un coup terrible. L'émotion a été grande, la douleur très vive. Nos élèves ont fait dimanche leur promenade règlementaire, mais le deuil, l'affliction étaient sur leurs visages. Ils marchaient recueillis; ils parlaient tout bas de leur regretté et vénéré médecin ; ils rappelaient sa bonté, sa sollicitude, son dévouement; ils causaient de ses nombreuses visites à l'infirmerie, visites qui ranimaient toujours leurs forces et relevaient leur courage.

Il y a un mois à peine, M. Vibert était assis avec nous au banquet de l'Association des anciens élèves du Lycée du Puy. Il était heureux, plein d'entrain et de bonne humeur. Il songeait à ses chers élèves, il voulait leur faire une surprise. Il se leva et demanda pour eux, avec cette bonhomie charmante que vous lui connaissiez, un congé et une amnistie. L'administration s'empressa de répondre à son désir; les élèves bénirent une fois de plus leur médecin.

Dans les derniers jours du mois de janvier, M. le docteur Micé, notre nouveau recteur de l'Académie de Clermont, était au Puy. Il rencontra à l'école normale le docteur Vibert. Dès les premiers mots échangés ils devinrent des amis. Il ne pouvait en être autrement. Tous deux dans leur carrière avaient été témoins de nombreuses misères; ils en avaient souffert et il s'étaient efforcés de les adoucir. M. Micé et M. Vibert s'étaient donc compris, leurs cœurs s'étaient déjà unis dans une même pensée de dévouement et d'abnégation. Les amitiés ainsi formées sont durables.

Encore tout pénétré de ce souvenir, le Recteur m'a adressé une dépêche. « Je suis atteré, m'a-t-il écrit, « par la nouvelle de la mort de cet excellent docteur « Vibert, dont j'ai pu apprécier toute la valeur lors de « mon voyage au Puy. Je vous prie d'être mon in- « terprète auprès de sa famille et d'associer mes regrets

« personnels aux vôtres et à ceux que vous exprimerez « au nom de l'Université. »

Tous ces regrets, tout ces témoignages d'une affection sincère, nous les adressons respectueusement à Mme Vibert, à ses enfants, à la ville du Puy et au département tout entier où M. Vibert n'avait et ne pouvait avoir que des amis.

Adieu, docteur Vibert ! Non, au revoir ! Vous avez semé les bienfaits autour de vous, jamais aucun malheureux, quel qu'il fût, d'où qu'il vînt, n'a vainement frappé à votre porte. Aussi, sans nul doute, votre belle âme a déjà rejoint, dans un monde meilleur, les âmes de ceux qui, comme vous, furent justes, bons, tolérants.

Discours de M. Pagès.

MESSIEURS,

Avant que cette tombe se ferme, permettez encore un mot de regret à un ami obscur, mais sincère, qui représente la clientèle foraine de celui que nous pleurons et, notamment, sa grande famille du chemin de fer, comme il se plaisait lui-même à la nommer.

Il n'est peut-être pas de carrière qui ait, plus que la médecine, aiguisé les traits de la satire ; et cependant le médecin est un bienfaiteur de l'humanité, quand il se pose résolûment en adversaire déterminé des deux fléaux de notre existence : la maladie et la mort.

C'est ce que Vibert avait compris, car il s'adonna toujours, exclusivement et avec passion, à la culture de son art et se dépensa tout entier au service de ses malades. Dieu sait les nombreuse cures qu'il réalisa !

Une légitime popularité fut la récompense de son savoir professionnel et de son dévouement ; mais il me plaît d'en trouver aussi le secret dans une discrétion à toute épreuve, comme dans la bonté de son cœur délicat et généreux, qui le portait à s'intéresser à son client au point de devenir son ami et souvent son protecteur.

C'est ainsi que par ses services variés et par l'ascendant de son caractère sympathique il avait, à son insu, reconstitué au sein de notre démocratie égalitaire une sorte de patronage depuis longtemps disparu de nos mœurs qui l'eût élevé aux hautes fonctions électives, s'il avait voulu céder aux entraînements de la politique.

On vient de vous dire, excellemment d'ailleurs, ce qu'a été Vibert, comme fils, comme époux, comme praticien savant.

Qu'il me suffise de dire ce qu'il a été comme médecin ami, dont le regard fut toujours une caresse et la parole un encouragement. Je souligne, en passant, ce qu'il aurait pu être, dans une autre sphère d'action, et j'ajoute que, dans toutes les situations de la vie, il apporta, avec une aimable simplicité, le contingent d'une nature bien équilibrée.

Avec un mérite si modeste et si universellement apprécié, Vibert sut résister à l'ambition de la gloire et se rendit plus utile en restant dans la foule où il a passé comme un type de l'homme vertueux et où il nous lègue son souvenir comme un modèle auquel chacun peut se mesurer.

Adieu, cher docteur !

L'effondrement prématuré de votre existence laisse au milieu de nous un vide immense ! Puisse notre reconnaissance servir d'adoucissement à la douleur de votre veuve inconsolable et de votre frère chéri, et de stimulant à vos fils trop tôt privés de votre appui et de vos sages conseils !

Adieu, cher ami !

Puissiez-vous jouir en paix du repos que les traditions de nos pères, toujours respectées par vous, promettent à l'homme de bien !

Puissions-nous aussi nous retrouver un jour, dans un monde meilleur !

Le 24 mars, M. Léon Marchessou, directeur de *La Haute-Loire*, consacrait ces lignes au souvenir du docteur Vibert :

Devant cette foule émue qui faisait cortège hier au cercueil du regretté docteur, quelqu'un que l'on voulait consoler par ce spectacle disait, des larmes plein les yeux et plein la voix : « Ce sont justement eux « qui l'ont tué ! »

C'est vrai, le docteur Vibert est mort victime de sa clientèle à laquelle il s'était donné corps et âme.

Il en était l'esclave de jour et de nuit et c'est vers elle que son léger tilbury l'emportait sans cesse par la ville ou à travers la campagne...

Il était l'ami de la maison, participant à l'heur et au malheur, toujours là, à la naissance et à la mort. C'est pourquoi il y a tant de familles en deuil.

Mais, bien que surmené, il ne perdit jamais son bon sourire, — le sourire qui rendait l'espérance.

Dans ces derniers temps, la volonté seule le soutenait.

Il avait dit à ses amis inquiets : le jour où je me coucherai, je serai perdu.

Et c'est ce qui est arrivé : la fatigue l'a terrassé d'un coup, par surprise.

Sa bonté n'était pas qu'à la surface : elle ne perdait rien à l'épreuve et j'en sais d'admirables traits discrètement dissimulés.

Il n'était, en effet, ni sceptique ni indifférent, et sa tolérance dont on a bien fait de parler, il la puisait à des sources — le cœur et la raison — que l'exercice de la médecine n'avait pas troublées et que la connaissance de la vie avait, au contraire, purifiées. Il n'avait ni le mépris ni le dégoût de l'humanité : il était resté spiritualiste fervent.

Sa raison l'avait fait libéral, comme elle l'avait fait tolérant.

Peut-être l'était-il aussi d'instinct et d'atavisme.

Cependant, comme il était tout le contraire d'un sectaire, il n'aimait pas la politique.

Systématiquement il s'éloignait de tout ce qui divise les hommes, mais non pas de ce qui les passionne.

Il était lui-même passionné pour son art et pour tout ce qui s'y rattache : l'esprit et l'œil toujours ouverts au progrès.

On a dit de façon experte ce qu'il avait été comme médecin et comme savant : il ne lui a peut-être manqué pour laisser un nom dans la science qu'une autre scène et plus de loisirs d'étude.

Sa distraction, il la prenait dans son intérieur si

accueillant, dans le monde où il était si recherché, dans l'art.

Chez lui, dans le fouillis de son cabinet de travail, se confondaient le récent traité médical, l'instrument perfectionné et le bibelot artistique. Au mur quelques tableaux de choix, de bonnes études de son père et, entre autres, deux charmantes scènes villageoises traitées à la manière flamande.

Il était artiste comme son frère, de nature et d'éducation.

Habitué à faire étude de tout, il savait profiter de toute causerie, à sa table hospitalière, ou, dans le hasard de la rencontre, sur le trottoir, entre deux visites.

L'esprit ouvert comme la main, s'il s'assimilait, il donnait largement en échange, car il avait une ressource personnelle inépuisable.

Il n'était étranger à rien de ce qui intéresse la vie commune : la prospérité du Puy était un de ses soucis et le relèvement de la patrie un de ses rêves.

Je n'ai jamais vu couler tant de pleurs que le jour de sa mort et pourtant on n'a pas encore senti tout ce qu'on a perdu.

On s'en apercevra tous les jours.

Ce n'est pas pour les siens dont la douleur est trop clairvoyante, que je parle, ce n'est même pas pour les amis qui l'ont pratiqué un peu intimement, mais pour ceux qui ne se sont pas encore expliqué le grand mouvement de sympathie dont notre ville a donné hier le consolant spectacle et auquel ils se sont cependant instinctivement mêlés.

Cette personnalité d'élite à laquelle nous nous sommes vainement efforcé de donner son relief, s'impose comme un modèle. — L. M.

Et on lisait dans la *Semaine religieuse du diocèse du Puy*, à la date du 24 mars :

M. le docteur Vibert, si connu des malades et des médecins de nos contrées, vient de d'entrer dans son éternité : il est décédé, le 18 mars, à l'âge de cinquante-huit ans, victime d'une pneumonie contre laquelle ont échoué tous les efforts combinés de l'art et du dévouement de ses confrères.

Ses obsèques ont eu lieu, mercredi 21, dans l'église paroissiale de Saint-Laurent. La messe a été chantée par M, Vassel, curé de la paroisse, et l'absoute a été faite par M. de Pélacot, Vicaire Général, ami particulier du défunt.

Ce n'est pas assez de dire que tout le Puy était représenté à ces obsèques; il y était véritablement tout entier : et l'administration, et la magistrature, et l'armée, et le monde des affaires et le clergé, et les religieux, et les communautés, et les écoles, et les grands et les petits.

Cet immense concours n'était pas seulement un hommage rendu au médecin distingué; c'était encore un hommage rendu au médecin charitable et bon.

Comme médecin, M. Vibert avait une valeur incontestable et un mérite incontesté. Chirurgien habile et oculiste expérimenté, il obtint souvent de merveilleux succès dans les travaux de son art, et beaucoup de ses œuvres ont révélé la hauteur de son intelligence et le cachet de sa supériorité.

Et ce médecin si répandu et si disputé, était aussi un médecin charitable et bon : bon pour tous, serviable pour tous, se prodiguant au pauvre comme au riche; debout, tout le jour, et souvent la nuit, préoccupé de ses malades, jamais de ses honoraires. C'était le médecin de tous les partis; c'était plus encore le médecin véritablement populaire. Les plus petits et les plus pauvres l'abordaient sans crainte, sûrs qu'ils étaient de trouver chez lui la porte et le cœur toujours ouverts. Et qui pourra dire ses aumônes? On sait qu'il donnait et qu'il donnait largement : devant le pauvre qui l'implorait, la main allait à la poche, pour y puiser sans compter.

Mais il est un service bien autrement précieux qu'il aimait aussi à rendre : celui de préparer les voies au ministre de Dieu pour la réconciliation ou la conversion des mourants. Dans ce but, dès qu'il voyait la mort s'approcher d'un malade, il se faisait un devoir sacré d'en informer le prêtre : « M. l'abbé, disait-il, c'est l'heure de faire ce que vous avez à faire. »

C'était, en même temps, et un acte de grande charité et un acte de grande foi qu'accomplissait ainsi le bon docteur.

Notre joie, en ce moment, c'est de penser que M. Vibert a accepté pour lui les secours divins qu'il conseillait aux autres : derrière la mort qui approchait, il y a vu venir le souverain Juge, et il s'est humilié et repenti sous la main du prêtre. Puis il est parti réconcilié et pardonné. Le grand Médecin du ciel, nous n'en doutons pas, a reçu avec bienveillance le médecin de la terre; mais Dieu seul est grand!

Enfin *Le Républicain de la Haute-Loire* publiait cet extrait de « quelques pages éloquentes et émues, dédiées à la mémoire du « tant regretté docteur Vibert par M. le baron Robert » :

Du matin au soir, il est à l'œuvre. Nul jour, ne s'est encore écoulé sans qu'il ait fait du bien : serait-il encore plus fatigué et souffrant, il n'accourt pas moins là où on l'appelle.

De temps à autre, il va à Paris, et on le voit, comme un élève, lui qui pourrait tant apprendre aux autres, écouter avec la plus grande attention les excellents avis, conseils et leçons des maîtres illustres, et que chacun admire ; à un rare et profond savoir, il joint la bonté, l'obligeance et la générosité ! Que souvent il paye les remèdes indispensables à ses malades !

Loin d'avoir un ennemi, il est, au contraire, chéri et vénéré de tous. Il a de l'esprit et cause à merveille. Fortunés ceux qui l'entendent ! ils s'instruisent avec plaisir. Homme du monde, il aime et comprend à merveille le beau quelle qu'en soit la forme.

Il est docteur, interne des hôpitaux de Paris et correspondant de l'Académie de cette grande ville. Ses collègues les plus distingués, entr'autres MM. Tessier et Ollier, de Lyon, en font le plus grand cas. Sa présence seule rassure et console. Fils accompli, il est le modèle des époux et des pères.

Il est spiritualiste et croyant, et ne craint pas de l'avouer. Ce médecin accompli, est-il nécessaire de le dire ? est M. Émile Vibert qui est mort avant-hier matin, d'une fluxion de poitrine, à l'âge de 58 ans. Il n'a été malade que pendant quatre jours. Qui n'allait s'informer de ses nouvelles et ne l'a pleuré ? On ne parle que de lui. Le Puy s'honore justement de le compter au nombre de ses fils les plus illustres.

Un banquet devait avoir lieu, hier soir, au Puy. On l'a contremandé en apprenant cette mort. M. Vibert laisse trois fils aimants et bons, une épouse digne de lui, c'est dire accomplie. Puisse le ciel veiller sur eux! Ils ne pouvaient être plus cruellement frappés. Adieu, Vibert, et au revoir dans un monde meilleur! Celui que tu daignais appeler ton ami ne t'oubliera jamais.

LE PUY. — IMPRIMERIE TYPOGRAPHIQUE DE MARCHESSOU FILS

www.ingramcontent.com/pod-product-compliance
Ingram Content Group UK Ltd.
Pitfield, Milton Keynes, MK11 3LW, UK
UKHW020512180726
13839UKWH00005B/2039